Давронбек Урунов

Davronbek Urunov

Мехрибоним онам бор...

Mehribonim onam bor ...

(Онам Жуманазарова Оводонга бағишлайман)

© Davronbek Urunov
Mehribonim onam bor ...
by: Davronbek Urunov
Edition: July '2024
Publisher:
Taemeer Publications LLC (Michigan, USA / Hyderabad, India)

© **Davronbek Urunov**

Book	:	Mehribonim onam bor ...
Author	:	Davronbek Urunov
Publisher	:	Taemeer Publications
Year	:	'2024
Pages	:	156
Title Design	:	*Taemeer Web Design*

Ижодкор ўзи ҳақида. Мен Давронбек Урунов Шоназарович 1967-йил 18-октябрь куни Хоразм вилояти Богот тумани Найман кишлогида туғилганман. Оилаликман. Уч нафар кизим ва битта ўглим бор.

Маьлумотим:Олий. Тошкент Ирригация ва Кишлок Хўжалигини Механизациялаштириш Инженерлари Институтининг Кишлок Хўжалиги яьни ким Инженер - педагог мутахассислигини 1993-йил тугатганман. Кўп йиллар ўзимизнинг кишлокдаги касб - хунар коллежида фаолият кўрсатдим . Сабаблар билан хозирги кунда Москва шахрида мусофирчиликдаман. Худо хохласа юртимизга бориб , яьна ўз ишимни давом килдираман.

Ижодга келсак олдинлари туман газетасида кичик макола ва шеьрларим чиккан.Бу мени мактаб даврларимга тўғри келади. Устозларим ўша даврларда кўп йиллар туман газетасида мухаррир бўлган инсон Ражаббой ака

Раззаков ва Холмурод ака Курбановлардир.

Китобим чикишини кўп йиллардан бери орзу киламан...

Онам Амина

Мен етмаган бахтга укам еришди,
Бундан шодликларим жуда ҳам чексиз.
Яратган ҳақ егам сийлаб қўйишди,
Бу ажрим мукофот албатта тенгсиз.

Асли умр йўлдош тўғри танланган,
Айтилган наслини кўриб қизин ол.
Келиннинг онаси кўп кузатилган,
Аждодлар ўгитин ўз қалбинга сол.

Ҳал қил турмушинг шунда ўхшайди,
Икки юрак бир хил сирлашиб бўлса.
Ҳар кунинг ўтмоқда умр қийнайди,
Дилларинг-дилларга оҳ қийин бўлса.

Ҳеч ҳам чарчамай, еҳ толиқмайсан,
Кайфият ҳар доим зўр бўлиб турар.
Катордан охирга тушиб қолмайсан,

Аёлинг қалбида нурлар ҳам тўлар.

Албатта, бу Аллоҳ берган нур хаё,
Бу нурдан шундай қиз дунёга келар.
У жаннатни сенга қилади рўё,
Жон менинг дадам деб кўнглингни олар.

Асал ойларида чолар хомила,
Худойимга минг бора нола қиларлар,
Исмини ўйлашди жон деб Амина,
Расулимга саловатлар айтарлар.

Мана туғилди ўша қизалоқ,
Исмлар қўйилди хожа Амина.
Олинг қўлингизга юзлари оппоқ,
Ўртада қолмагай ҳеч қандай гина.
Ғамлари кетмишки жуда ҳам йироқ,
Узоқ умр кўрсин онам АМИНА.

27.01.2024 йил, Москва
"шанба тонги"

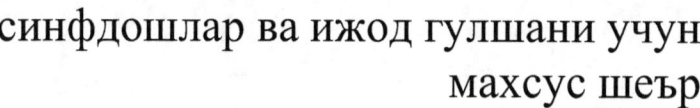

синфдошлар ва ижод гулшани учун
махсус шеър

Руҳларни дуолардан тўлдиринг

Бу тун ҳам мен учун жудолик бўлди,
Бағримни қон қилиб нега кетдингиз.
Тонг ҳам ёришмасдан зимистон бўлди,
Нега шунчалар ҳам араз қилдингиз.

Сиз сабабчи бўлиб бирга киргандим,
Қўлим тутиб гулзорларга қўйдингиз.
Кўп нарсани ахир сиздан ўргандим,
Бугун еса бағри-дилим ўйдингиз.

Ваъдаларни унутдингиз бу не ҳол,
Айтгандингиз бир умрга акамсиз.
Билинг синглим бир жойда ўсар ниҳол,
Сизсиз ичаётган сувларим таъмсиз.

Меҳмон келса бирга кутиб олардик,
Москвадан турин қутловлар қилиб.
Ижроларда қирраларни очардик,
Мухлис юрагида оловлар ёқиб.

Бугун қаранг телефоним блокда,
Буни кўриб юракларим чилпар-чин.
Шифо бўлар дори-дармоним йўқда,
Синглим узолмайсиз, акамнинг ҳаққин.

Кечириш шунча осон бўлди бир зумда,
Мансаб учун минг бир хийла қилдингиз.
Холим сўраб тургувчи йўқ бу тунда,
Ака қолиб билман кимни қучдингиз.

Хуноб бўлманг майли енди кутаман,
Қисматлару тақдиримда будуринг.
Порламасдан енди ўчиб сўнаман,
Бундай ўчиб юрганимдан ўлдиринг,
Рухларимни дуолардан тўйдиринг.

"Сўзинг илиқ дўстим"- Қаҳрамонга

Бўлма бунчалар ўжар,
Хўп де тингласанг агар.
Билгин дўст қалбда бўлар,
Сўзинг илиқ Қаҳрамон,
Москов совуқ қаҳрамон.

Гуруҳда йўқсан дўстим,
Гул қадаб шеърлар ёздим.
Қорлардан кечиб оздим,
Сўзинг илиқ Қаҳрамон,
Москов совуқ қаҳрамон.

Қайларда қолдинг ўзинг,
Меҳр кўрсатар кўзинг.
Етар бир луқма сўзинг,
Сўзинг илиқ Қаҳрамон,
Москов совуқ қаҳрамон.

Омонов сулоласи,
Нур таратар жоласи.
Бу юракнингноласи,

Сўзинг илиқ Қаҳрамон,
Москов совуқ қаҳрамон.

Мусофир дуодаман,
Изланиб зиёдаман.
Билсанг дўст деб ёнаман,
Сўзинг илиқ Қаҳрамон,
Москов совуқ қаҳрамон.

Таклиф қилиш бу биздан,
Хулосалаш бу сиздан.
Болалик чиқмас есдан,
Сўзинг илиқ Қаҳрамон,
Москов совуқ қаҳрамон.

11.01.2024 йил, Москва ш. соат 04:15

Бир дўстим

Бир дўстим амакимнинг сўзларидан,
Таъсирдан гуруҳга ролик ташлади.
Бу сезилди дўстларнинг кўзларидан,
Ғоз ушлаб камина шеър бошлади.

Биринчи муҳаббат инсон қалбида,
Ўн икки ёшида вужудга келар.
Пичирлаб сўз юрар унинг лабида,
Танасида еса шабада кезар.

Бирлари қўлига қалам олади,
Ишқнинг сатрларин қалбдан ёзай деб.
Мўйқалам соҳиби суръат чизади,
Шаҳло кўзларини акс етай деб.
Ухламай тунлари тўлғониб чиқар,
Ишқнинг ўти юрагини ёқади.
Тонг саҳар мактабга шошилиб чопар,
Қизнинг кўзларига зиндан боқади.

Қизчада бу ҳислар сира сезилмас,
Йигит еса аниқ шоир табиат.
Қидирган ишқ қалбда унча кўринмас,
Йигитнинг севгиси бари ҳақиқат.

Муҳаббат намоён бўлар Ватанга,
Ишқнинг келиши бундайин емас.
У тўғри сингади вужуд-танага,
Ақлга бўйсинмас, кўнгил тингламас.

Яшаймиз юракнинг амрига қараб,
Севишиб қурилган турмушимиз-у бахт.
Чин қалбдан севмасанг, юрмайсан порлаб,
Армонга айланар сен излаган тахт.

12.01.2024 йил

Дўстим Мақсудбекка

Москвада қор ёғади,
Соғинч салом чалади.
Дўстинг шеърлар ёзади,
Мақсуд жонинг соғ бўлсин.

Дўстларим хўп сўрисин,
Шеърларим кўп ўқисан,
Шундан бахра оласан,
Дўстим жонинг соғ бўлсин.

Умрбек ҳам чиқади,
Сани яхши кўради.
Қадрингга дим етади,
Жўра жонинг соғ бўлсин.

Бугун жума ибодат,
Хидоятга харакат.
Бўлгин дўстим саломат,
Мудом ўрнинг бор бўлсин.

Танбех дема оддий сўз,

Меҳр бўлар тушса кўз.
Мақсуд ҳаммамиздан ўз,
Қалбинг нурларга тўлсин.

Бу ҳаммаси соғинчдан,
Шахсан сенга илинган.
Толмагайсиз севинчдан,
Синфдошлар бор бўлсин.

Ишларинга омад,
Чўнтагинга даромад.
Аллоҳим бўлсин мадад,
Тинглаганлар соғ бўлсин.

Дўстимиз омон бўлсин,
Доим нурларга тўлсин.
Мудом ҳурматда юрсин,
Илоҳо юз ёш кирсин.

12.01.2024 йил

Сен кўник

Нега тортинасан шеърим ўқишдан,
Ҳатто ёзишимга имкон бермайсан.
Қўрқасанми ёки қалбинг чўчишдан,
Рашкинг кучлилигин ўзинг билмайсан.

Шеър ёзиш бу менга илоҳий неъмат,
Сен қарши бўлсанг гар илҳом келади.
Ёзсам танда ором бўлар кайфият,
Афсус ўқ сўзларининг бағрим тилади.

Хурсанд бўлардим сен шархлаб турганда,
Ёки тушунмайсан ёки ўжарсан.
Китобим чиқарди қўллаб турганда,
Мен сенга интилсам нега қочарсан.

Муҳаббат юракда бўлса ёзилар,
Бўлмаса нимани ёзиб биласан.

Кимлардан қолмаган мендан ҳам қолар,
Мен ўлсам шеърларим чираб ёқарсан.

Илтимос онамга ёзган шеърларимни,
Ёқмасдан мозорим остида кўмгин.
Онам билар менинг шеърга меҳримни,
Ишқ ҳақда ёзганим кўзинга сургин.

Ахир у юракдан жўшиб ёзилган,
Ишқингга садоқат деган сўзинг бор.
Унинг расми қалбга ўйиб чизилган,
Сенинг севгинг йўқку фақат ўзинг бор.

Қалбимда яшайди илк муҳаббатим,
Уни ҳеч есимдан чиқармайман.
Билиб қўй уни ҳеч унутмайман,
Сен кўник мен у сиз ҳеч яшолмайман.

13.01.2024 йил

Меҳрим чексиз

Меҳрим чексиз сизга Ватан посбони,
Бугун байрамингиз тилаклар айтай.
Мусаффодир Ўзбекистон осмони,
Хизматингиз улуғлайин шеър битай.

Кеча-кундуз қўриқлайсиз Ватаннни,
Сарҳадларда сергак ва хушёр туриб.
Қийноқларга солиб вужуд-у танни,
Душманга жонингиз гаровга қўйиб.

Онам деб ўпасиз тупроқларини,
Тунлари ҳар битта постларда юриб.
Ўзбекнинг мард ўғил Широқларини,
Хоки пойларига бошингиз егиб.

Темур бобомизнинг сабоқларидан,
Ўрганиб жаҳонга юзлар тутасиз.
Юрган изларидан сўқмоқларидан,
Худди ўзларидек мардон ўтасиз.

Мангуберди десам ичимдан вулқон,
Отилиб юрагим портлаб кетади.
Қўлларим титроқдан ёзмоқда хамон,
Битмоққа қалбимнинг ўзи етади.

Сиз учун оталар дуода мудом,
Оналар меҳрини бериб кутади.
Акангиз Москвадан йўллайди салом,
Борса йўлингизга гулар сочади.

Шашт билан улғаяр ўғил-қизингиз,
Уларга содиқлик дарсидан беринг.
Илохо ўчмагай ҳеч ҳам изингиз,
Уларга мардлик-у ғурурни кўринг,
Шу кунга етказгай соғ-омон юринг.

14.01.2024 йил

Ўғил бўлсин куёвлар.

Қизим жуфти ҳалоли,
Рисқи-унумли толи,
Порлайверсин иқболи,
Ўғил бўлсин куёвлар,
Сийлаган пайғамбарлар.

Қалбида ғурури бор,
Юракда олови бор,
Иймони бор ори бор,
Ўғил бўлсин куёвлар,
Сийлаган пайғамбарлар.

Қуллуқ қилай қудамга,
Хасан отлар қадамга,
Роҳат кирар таънамга,
Ўғил бўлсин куёвлар,
Сийлаган пайғамбарлар.

Икки ёш бахтли бўлсин,
Яйрашиб нурга тўлсин,
Қўллари-қўлга берсин,

Ўғил бўлсин куёвлар,
Сийлаган пайғамбарлар.

Не керак бундан ортиқ,
Меҳр қалбларга тортиқ,
Улар бор яшнар борлиқ,
Ўғил бўлсин куёвлар,
Сийлаган пайғамбарлар.

Излаб йўқлаблар боринг,
Гўзал меҳрга қўнинг,
Ўғлим деб кўнгил ёзинг,
Ўғил бўлсин куёвлар,
Сийлаган пайғамбарлар.

Охтиқ чиқар югуриб,
Гиналар кетар эриб,
Шеър ёздим сўзлар териб,
Ўғил бўлсин куёвлар,
Сийлаган пайғамбарлар.
Куйсин душман-у ёвлар ……

15.01.2024 йил, Москва ш. тонги
соат 04:00

Сахий одам.

Дунёда кўп улуғ миллат,
Турли туман юрт-у елат,
Бизни диёр қадим Боғот,
Мақсудбек сен сахий одам.
Бўлиб галдинг қутлуғ қадам.

Ёшликдан ҳам сал шўх единг,
Ўзинг бутун қалб тўқ единг,
Бу сўқмоқдан равон юрдинг,
Дўстгинам сан улуғ одам.
Гириб галдинг нурли одам.

Хазилларнинг кони санда,
Буюкларнинг шони санда,
Аждодларнинг қони санда,
Дўстим ўзинг буюк одам.
Қутлуғ бўлсин пойи қадам.
Асар ёзсам сан учун оз,
Рух барсанг қиламан парвоз,
Сан бор давра файзли соз,
Ахир ўзинг файзли одам.

Бўлиб келдинг файзли одам.

Ўғил-қизинг давлатинг,
Олар доим хасратинг,
Ярашибди савлатинг,
Сен сан хазрати одам.
Пойингдир қутлуғ қадам.

Ором олсин юрагинг,
Яхшиликдир тилагинг,
Бажо қилдим истагинг,
Сен қалбга йқин одам.
Бўлиб галдинг қутлуғ қадам.
Сенга дўстларинг хамдам!!!

16.01.2024 йил, Москва ш. соат 04:00

Имкон топиб бораман.

Кўзларингиз яширманг,
Сўзларимга лаб бурманг,
Анор каби қизарманг,
Имкон топиб бораман.

Шеър ёзарман саҳар чоғда,
Гилос териб ул боғдан,
Кутинг ёр орқа ёқдан,
Имкон топиб бораман.

Лабзим бору сўзим бор,
Ўткир нурли кўзим бор,
Мана ахир ўзим бор,
Имкон топиб бораман.

Лабрарингиз тафтидан,
Ўтли қадам шахтидан,
Айлай синглим кафтидан,
Имкон топиб бораман.

Кутинг интиқлик билан,
Ишққа содиқлик билан,
Мен ҳам ошиқлик билан,
Имкон топиб бораман.

Битта бўса олайин,
Дардга малҳам қилайин,
Маҳкам қучиб турайин,
Имкон топиб бораман.

Қандай камчиликлар бор,
Юрак сизга интизор,
Қучоқ очинг ей Дилдор,
Имкон топиб бораман.
Бугун учиб бораман.

17.01.2024 йил

Мағзи ширин

Дейдилар данагидан мағзи ширин,
Балки биларсизлар бу сўзнинг сеҳрин,
Изоҳлаб бошлади шоир ўз шеърин,
Полвонов дастурхон ёзиб яйради,
Биринчи охтиғин кўриб қувнади.

Таомлари зўрдир сира гаплар йўқ,
Дўстлари иноқдир қилинмайди хўқ,
Унинг чироқлари ёнар мудом кўк,
Замонбек дастурхон ёзиб яйради,
Қизидан охтиғин кўриб қувнади.

Ўғил тўйингда ҳам борайлик дедик,
Навбатла тилакни галма-гал қилдик,
Шундайин саҳир бир инсонни кўрдик,
Укажон дастурхон йиғиб яйради,

Қувончдан хийқириб қўшиқ куйлади.

Бу қўшиқ юракка ором берарди,
Ҳамма биргаликда жўр ҳам бўларди,
Еҳ дўстлар қалблардан армон тугарди,
Бу сахий инсоним жуда яйради,
Рақсларга тушиб шундай қувнади.

Ҳар бир мўмин мусулмон шу кунга ецин,
Ичидан ғамлар-у аламлар кецин,
Қора ниятларни ер ўзи юцин,
Полвонов даврани кўриб яйради,
Дўстлар дийдорини суйиб қувнади.
Гўдакка иқболи порлоқ тилаймиз,

Худди мана шундай дўстлар излаймиз,
Бешикда ётибди кулиб сизлаймиз,
Баҳор ёздан кейин яна кўзлаймиз.
Замонбек ушбу кун чиндан яйради,

Охтиғин кўрдию кўзи қувнади.

17.01.2024 йил

Туш

Булутли осмонга узоқ тикилиб,
Қарасан на ой бор, на битта юлдуз.
Юриб совуқарда шундай бу қутлуғ,
Еслайман мен сизни кўзлари кундуз.

Бугун ҳар кунгидан жуда зерикдим,
Кўнглимга сиғмайди ҳатто бир қил ҳам.
Телеграм очдим-у ва чатга кирдим,
Тинглайман бир ижро юракка малҳам.

Бу овоз сеҳридан лол бўлиб қолдим,
На кўзлар кўринар, на ёноқлари,
Шундай ўриндиққа ўтириб қолдим,
Бошлар ўн икки ёш ишқ қийноқлари.

Хаёлимдан кетмас лабнинг тафтлари,
Кўзимда на уйқу, наб ор халоват.
Пешонамда турар қўлинг кафтлари,
Есарди шаббода, уффор, тароват.

Юмдим кўзларимни фазога тутиб,
Тушимга кирсайди ўша сулув қиз.
Ислайман ҳар замон бошим тутиб,
Айтаман бошингиз қўйинг ахир сиз.

Юрибмиз баланд тоғ қояларида,
Қўлларимдан маҳкам тутиб олган у.
Ўтирдик арчанинг сояларида,
Юбормай бўйнимдан қучиб олган у.

У қизни ушбу кун кўрдим тушимда,
Уйғониб кўзларим юмдим ва анча.
Бу шеърни қиз учун ёздим тушимда,
Бундай туш сира ҳам кўрмадим қайта,
Бу ҳолни еслайман минг бора қайта.

18.01.2024 йил

Мусофирга келиб

Мусофирга келиб шеърлар ёзишим,
Дўстлар мендан кўра яхши билади.
Қалбдаги меҳрни керак сочишим,
Қайғули мисралар бағрим тилади.

Бугунги илхомдан-тоғлар кутиб,
Ўтирсам Мақсудбек илтимос қилди.
Дедим шеър ёзаман рухни шод
қилиб,
Буни уддалашим у аниқ билди.
Жонибек ҳақиқий шўх инсон еди,
Кўрганмиз нурларга тўлиб юрганин.
Мана ўйлагандек зўр ғоя келди,
Армон деймиз қисқа умр кўрганинн.

Аллоҳга ҳам керак яхши инсонлар,
Не қиламиз тақдир қисмат шу
бўлса.
Азизлар омонат тандаги жонлар,

Рух шод унинг қабри нурларга тўлса.

Есладик кўзлардан ёшимиз артиб,
Шу кунги фожиа катта талофат.
Ўғли дада дейди бизни йиғлатиб,
Ҳаммани хун қилди бахциз бу офат.

Қизчаси отам дер бошларин егиб,
Қабрининг олдида хўрсиниб йиғлар.
Жонибек исмини кўз ёшга артиб,
Қабрни қучоқлар тизларин ташлаб.

Ажал ҳеч биримиз бевақт олмасин,
Енди кучга тўлиб гуллаган чоғинг.
Ортингдан гўдаклар йиғлаб қоламасин,
Еҳ хазон бўлмасан мевали боғинг,
Абадул ўчмасин ёнган чироғинг.

18.01.2024 йил

Рух билан суҳбат

Бахромбек шеър сўради,
Одилбек дўстни еслаб.
Бор еди шундай режам,
Ёзмоқчдим фикр тўплаб.

Майли бошлай Одилбекдан,
Гоҳи-гоҳи нур исломдан.
Илхом келди само кўкдан,
Бошлайин ман ассаломдан.

Рухга салом бераман,
У гаплашар мен билан.
Қаранг, сўзлар тераман,
Рух сўзлашар мен билан.

У кечирим сўради,
Болаликларин еслаб.
Шундай кўзга қаради,
Ўзингмисан деб йиғлаб.

Ҳа дедим мен қучоқлаб,
Сизларни кўп сўради.
Турдим сўзини тинглаб,
Тахтадан гап бошлади.

Тортиниб хўрлик билан,
Зўравон мен емасдим.
Борардим зўрлик билан,
Унга имкон бермасдим.

У йигитга кўп бора,
Таъкидлаб танбех бердим.
Куч-ла терилган тўла,
Номардга ўтди кўрдим.

Бу мавзуга қайтмаймиз,
Рух хўп деди бош силкиб.
Дедим биз ҳам борамиз,
Шунда оласан кутиб.
Хўп деб айтди у яна,
Кетманг бизни унутиб,
Қўйманг меҳр уйғотиб.

19.01.2024 йил

Мозийга қайтиб

Мақсудбек мозорга қайтариб қўйдим,
Интернет даврини есга тушуриб.
Сен ҳам гоҳида ҳаётдан тўйдинг,
Минг хил ғавғони бошдан ошириб.

Қидирув деганинг бу хунук хабар,
Ахир унинг чирой латофати бор.
У сенинг бу сўзинг эшитганда гар,
Албатта сен учун муаммо тайёр.

У қиз билан тўрт йил партадош бўлдим,
Яқин ўтирсак ҳам ҳислар бўлмаган.
Гоҳ оёғин босиб танбехлар одим,
Сал ғамгин юрарди қалби тўлмаган.

Бўлмайдими феълин мендан сўрасанг,
Чиқариб қўярдим қозонда борин.

Бўлар еди уни шундай ўрасанг,
Балким ёзар единг келганда қорин.

У жуда ҳам пазанда, гўзал, нафис қиз,
Мен кетган салгина дили оғриган.
Айтар еди доим бошқачасиз сиз,
Ўхшамасдан ҳаёти сал-сал оқсиган.

Уни унутгим йўқ гапи-сўзини,
Қанчалик сўз керак ўзим айтаман.
Есламагин дўстим шахло кўзини,
Сенга енг тўғри йўл фикрим айтаман.

Чиройлик керакли ҳаёт борлигин,
Бориб кўп паркларга-саёҳатларга.
Йўқ десанг тортасан юрак оғриғин,
Қизиқсанг боргин ов зиёратларга,
Ёмон ном қолмасин зурриётларга.

20.01.2024 йил

Интизорга тегмагин

Қайтаман ўша дамга,
Меҳр бергин одамга.
Қолдирмагин ҳеч ғамга,
Интизорга тегмагин,
Мақсуд сендан илтимос.

Дўстлик сақлансин холос,
Кўзлари гўё чарос.
Интизорга тегмагин,
Юрагини тилмагин.

Ман партадош бўлганман,
Қалбини ҳам билганман.
Меҳрибон дўст бўлганман,
Интизорга тегмагин,
Юрагини тилмагин.

Бу мавзуни ёпамиз,
Фақат дўст деб ёнамиз.
Шунда қалбга қоламиз,

Интизорга тегмагин,
Юрагини тилмагин.

Сенга ўзи ким керак,
Бизни админ соф керак,
Мақсуд айтгин зўр тилак,
Интизорга тегмагин,
Юрагини тилмагин.

Нега хунук гап айтдинг,
Бўлсин ғурури шаштинг,
Шунда қилади бахтинг,
Интизорга тегмагин,
Юрагини тилмагин.

Кирса ҳам ўзи билар,
Жилмайса юзи кулар.
Учиб сочмагин захар,
Интизорга тегмагин,
Юрагини тилмагин.

20.01.2024 йил

Дўстимга
(туғилган кунга бағишлов)

Қирқ йилдан сўнгра топилган дўстим,
Еҳ Аллоҳимга минг шукрона бўлсин.
Айёминг муборак азиз инсоним,
Юрагинг табригу-қутловга тўлсин.

Илтифот кўрсацам шунга арзийсан,
Чорласам қалбинга фаришта сўзин.
Таъзимда егилиб уни сийлисан,
Чунки кўрсатарлар ҳурларнинг ўзин.

Сен шукр қил аканг-укаларинг бор,
Қаторда меҳрибон дилкаш дўстларинг.
Қалбингга нур бўлган чиройларинг бор,
Хунуб айлаганга келмас қасдларинг.

Худога топшириб қўйгин уларни,
Бандаси қўлидан ҳеч нарса келмас.
Тонг саҳар илхомдан ёздим шуларни,
Аллоҳ юқтирмаса бир сўз ҳам бўлмас.

Қани ўзимизнинг ишга қайтайлик,
Азизбек яхшими бўлсин саломат.
Унинг ишларига ривож тилайлик,
Унда намоёндир кенг бир фазилат.

Галин билан бирга қўша қаришсин,
Соҳаси муаллим улуғ касбдир.
Сенга жавохирларнинг меҳри арисин,
Меҳр оқибатга дўстлик сабабдир.

Хамшира қизинг бу ел олқишида,
Уч охтиғинг еса сенинг юлдузинг.
Ёқитжон янги уй остонасида,
Зиёкор еканлар, сенинг нур юзинг.

Илоҳимлар бахтдан кошона қурсин,
Шу уйда файз-у барокат топиб.
Ўзи хоҳлаганча фарзандлар кўрсин,
Юрсинлар отага олқишлар олиб.

Ўнта бола туққан онага раҳмат,
Сизнинг мақомингиз буюк жанннатий.
Отанг дуосила топдинг барокат,
Берган ўғитлари бари ҳаётий.

Маширib, Тўрабой, Рустамбой отанг,
Табриклаб келишар бугун хуш кўриб.
Яйрайди албатта дилрабо оханг,
Ўйнашар даврада завққа тўлиб.
Муроджон, Тозибой, Хушнудбек уканг,
Акам деб совғалар кўтариб келар.
Сенга куч беради қуримас тилканг,
Жонга-жон, қалбларга иймон деб яшар.

Дамас заводидан Азизбек индин,
Отамга совға деб машина олсин.
Бу тилакларимдан фақат бир чиндин,
Улкан орзуларинг шундай ушалсин.

Каба зиёрати насиблар қилсин,
Қалбинг жўш урин-у дарёдек.
Сендан унутилмас олтин сўз қолсин,
Дийдорчун дўстларинг келсинлар шошиб.

Мана поёнига етмоқда сўзлар,
Бари тилакларни билдириб бўлдим.
Ҳеч офат кўрмасин бу нурли кўзлар,
Бу шеърни ёшизчун яйрадим сўлдим.
Дўстимни енганни Худога солдим!!!

Соғиндим деб йиғлама

Шишада туради тинч,
Юрагинга бермас овунч.
Бор манда битта ўтинч,
Интизора индама,
Соғиндим деб йиғлама.
Дийдор биламан яхши,
Балким галгандир бахши,
Айтаман ҳаёт нақши,
Интизора индама,
Соғиндим деб йиғлама.
Унутмаса гирарди,
Қадринга ҳам етарди.
Таваллудинг биларди,
Интизора индама,
Соғиндим деб йиғлама.

21.01.2024 йил

Ватан

Ватан тупроғингни соғиндим бунча,
Олиб бир қисим бағримга туцам.
Мусофир йилларим бўлибди анча,
Нахот сени жоним кучмасдан
ўлсам.

Ҳар қарич еринг жондан ҳам азиз,
Сени унутганлар хор бўлиб ўтар.
Қалбимда туғёнинг сен ўзинг азиз,
Меҳринг мени мудом жонимни
сақлар.

Менга нима берди ўзга юртларинг,
Одоб-у ахлоқнинг бузуқлигини.
Демагин азобларинг тортларинг,
Айбим қалб ишининг узуқлигими.

Мендан меҳрингни ҳеч дариғ
тутмагин,
Ўзим юриб борсам демак бу бахтим.

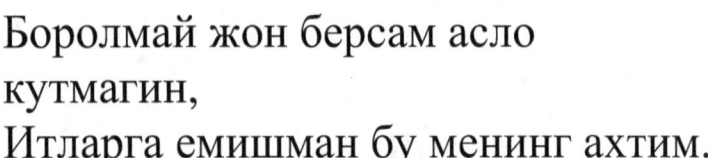

Боролмай жон берсам асло кутмагин,
Итларга емишман бу менинг ахтим.

Қадрингнику билиб бир бор суймадим,
Топган бойликларим нимага етди.
Жоним фидо қилиб нечун куймадим,
Давлатлар келди-ю соғлигим кетди.
Мен бўлсам ҳечдим деб шу он айтардим.

Раҳмат сенга ишқ китоб оляпсан,
Меҳринг тафтидан роҳатдадир жон.
Кел ўғлим деб яна қучоқ очяпсан,
Меҳринг қозонишга бер менга имкон.
Ҳар қандай кучлардан асрайман ишон.

22.01.2024 йил

Мақсуд нерларда қолдинг?

Таваллудни соғиндингми,
Бир қайғудан тиндингми,
Доконсо ўтирдингми,
Мақсуд нерларда қолдинг,
Юракларингни тилдинг.

Муҳаббатинг еслатдим,
Индамасанг айтмасдим,
Ичларингни ёқмасдим,
Мақсуд нерларда қолдинг,
Юракларингни тилдинг.

Дўстларни ичи ёнсин,
Меҳрингдан улар қонсин,
Майли Бретнов десин,
Дўстим нерларда қолдинг,
Бағрингни бунча тилдинг.

Тонгдан ишга шошасан,
Дарё бўлиб тошасан,

Қирраларинг очасан,
Ахир нерларда қолдинг,
Бунча бағрингни тилдинг.

Оқшом овозинг кутдим,
Оҳ деган сўзинг кутдим,
Сан ичиб ман зар ютдим,
Гапир нерларда қолдинг,
Ичи бағрингни тилдинг.

Бўларди бир чиққонда,
Канал бўлиб оққанда,
Дўстлари бир боққанда,
Айт жўра нерда қолдинг,
Бунча юракни тилдинг.

Қани меҳринг тўлдими,
Шеърлардан кўнглинг тўлдими,
Ёзганларим бўлдими,
Хуморларинг ўлдими,
Вой вой нерларда қолдинг,
Жўра ичингни ёқдинг.

22.01.2024 йил

Бу менинг ҳаётим

Мен Гаппарова Кимё Ергашбой қизи,
Минг тўққиюз еллик тўққизинчи йил.
Йигирманчи майда кўринган юзи,
Кўнгиллар ором олиб ёришганди дил.

Онам кўкракларига бошимни қўйиб,
Меҳр чашмасидан тўйиб олганман.
Отамнинг онам деб суйганин кўриб,
Меҳрини қалбимга жойлаб олганман.

Ёш улғайган сарин ўтар болалик,
Боғча мактабларим менинг болалик.
Ортга қолиб кетган қанча болалик,
Бу юртга содиқман билдим керагим.

Мактабни тугатдим аъло баҳога,

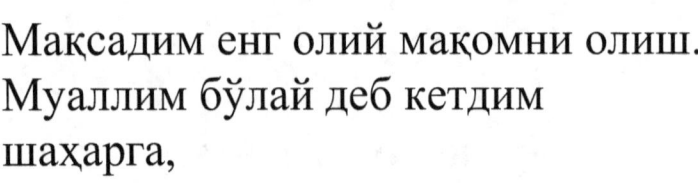

Мақсадим енг олий мақомни олиш.
Муаллим бўлай деб кетдим шаҳарга,
Маърифат ўчоғин оловин ёқиш.

Бу бахтга еришдим даргоҳга кириб,
Дўстлар ортирдим бир-бирдан гўзал.
Мактабга ошиқдим уни тугатиб,
Чиройли ўқирдим шеълар ва ғазал.

3.01.2024 йил

*****
Ахаш турар еди жим,
Сўз айтолмасди ҳеч ким,
Юраклар тилим-тилим,
Бобомиз Мирзо Бобур.
Сизда шон-шуҳрат ғурур.

Ҳиндистонга йўл бўлди,
Азобли кун бошланди.
Ким содиқлик қилганди,
Бобомиз Мирзо Бобур.
Сизда шон-шуҳрат ғурур.

Уч юз еллик икки йил,
Ҳиндистон айрилди бил,
Айтмоққа чин юрак дил,
Бобомиз Мирзо Бобур.
Сизда шон-шуҳрат ғурур.

Қолди-ку Бобурнома,
Бу дўстлар жаҳоннома,
Аждодлар ҳар бир хона,

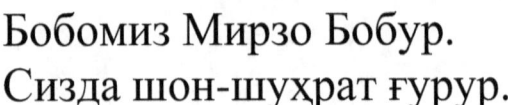

Бобомиз Мирзо Бобур.
Сизда шон-шуҳрат ғурур.

Суратинг юрагим устида турар

Ширин сўзларингдан ором оламан,
Шахло кўзларингдан илҳом оламан.
Бир қараб ишон тамом бўламан,
Суратинг юрагим устида турар.

Нега учрашмадик ўттиз йил олдин,
Сенчалик севмаган ҳеч ким бил олдин.
Еслаб тола ёмон жонгинам қолдин,
Суратинг юрагим устида турар.

Битта шу суратинг ҳамон кўксимда,
Сўзларим айтолмай қолди бўғзимда.
Тушимда кўрсам ҳам гўё ўнгимда,
Суратинг юрагим устида турар.

Бўлганингда еди насибам мени,
Қалбимга кирардинг азизам мени,
Мени унутмагин еслаб юр шуни,
Суратинг юрагим устида турар.

Қўша-қўша китоб чиқарар едик,
Садоқатла яшаб ҳам яйрар едик,
Бундай ғойибона кўришмасмидик,
Суратинг юрагим устида турар.

15.02.2024 йил

Сени сендан кўпроқ ўйлайвераман

Кўнглинг ғариб емас ойнадек равшан,
Ҳислатинг ғарибмас сўзимга инон.
Дардларингни ўзим оламан ҳамон,
Сени сендан кўпроқ ўйлайвераман,
Меҳрли сўзларим сўйлайвераман.

Аламлар ичида кетмайсан ғариб,
Ўтаман боринг ҳалиям суяниб.
Хавотир олмагин қолмайман куйиб,
Сени сендан кўпроқ ўйлайвераман,
Қалбим туғёнидан севавераман.

Ойнага қарасанг кўзинг йиғламас,
Ойдек чиройлисан расминг йиғламас,
Вужудинг кемирмас рашкинг йиғламас,
Сени сендан кўпроқ ўйлайвераман,

Қўймагин барибир ўйлавераман.

Хаёллар қўйнига сира ғарқмасман,
Воз кечилган дунёсидек таркмасман,
Сен иссиқ ўлкасан, ахир ғарибмасман,
Сени сендан кўпроқ ўйлайвераман,
Оҳ десанг, оҳингни куйлайвераман.

Емирилиб гард бўлмади тоғларинг,
Кўзингни чўқимас ҳамдам зоғларинг,
Халқдан мендан воз кечган чоғларинг,
Сени сендан кўпроқ ўйлайвераман,
Лаҳзада кўзингни ўйлайвераман.

Сиқилмагин ақлдан озмагин-ё,
Тушларинг ўнгинга ўхшамас гўё,
Қоронғу кунингга беради зиё,
Сени сендан кўпроқ ўйлайвераман,
Покиза қалбингни севавераман,

Бир куни ҳайратинг кўзини очиб,
Мени мендан кўпроқ ўйлайверасан.
16.02.2024 йил

Қарс икки қўлдан.

Олқишлар бўлишчун қарс икки қўлдан,
Ишқ намоёндаси икки қалбдан,
Шунда адаштирмоқ ҳар ёмон йўлдан,
Қани ўзинг кўпроқ яхши кўролсанг,
Қалбингнинг тубига жойлаб қўёлсанг.

Иззатларда бўлиб юрсанг елинга,
Ўзингни тергаб қўй-қара феълинга,
Ҳеч кимлар кўз сузмас билсанг ерингга,
Қани ўзинг кўпроқ яхши кўролсанг,
Қалбингнинг тубига жойлаб қўёлсанг.

Рашкинг йўқ демак-ки юрагинг ҳам йўқ,

Енг бир хайратлиси ердан кўнглинг тўқ,
Адашиб қолса гар бунга чора йўқ,
Қани ўзинг кўпроқ яхши кўролсанг,
Қалбингнинг тубига жойлаб қўёлсанг.

Аразлаб гоҳида хато қиласан,
Тунлари ухлолмай бағринг тиласан,
Афсус деганингча хушга келасан,
Қани ўзинг кўпроқ яхши кўролсанг,
Қалбингнинг тубига жойлаб қўёлсанг.

Севаман деган сўз дилингда бўлсин,
Иймон еътиқодинг қалбингда турсин,
Бутун вужудлари сен билан юрсин,
Қани ўзинг кўпроқ яхши кўролсанг,
Қалбингнинг тубига жойлаб қўёлсанг.

Ётганингда тушда алахсираб тур,
Юзингга сув сепиб яхшиликка бур,

Уни унутмасдан хаёлингда сур,
Қани ўзинг кўпроқ яхши кўролсанг,
Қалбингнинг тубига жойлаб
қўёлсанг.

Шунда қариликнинг гашти бўлади,
Уйинг ҳам файзли нурга тўлади,
Енг зўр аёл деган номинг қолади,
Қани ўзинг кўпроқ яхши кўролсанг,
Қалбингнинг тубига жойлаб
қўёлсанг.

Сўзларсан сафсата, деб ўйламагин,
Уни кимларгадир ғиймат қилмагин,
Ундан фақат яхши томон излагин,
Қани ўзинг кўпроқ яхши кўролсанг,
Қалбингнинг тубига жойлаб
қўёлсанг.

Шеъримни тугатдим енди яхши қол,
Бутун борлиғимни бу вужудга сол,
Ушбу сўзларимдан яхши фикр ол,
Қани ўзинг кўпроқ яхши кўролсанг,

Қалбингнинг тубига жойлаб қўёлсанг.

18.02.2024 йил

Аёлга еҳтиром

Унга таърифларни беришим қийин,
Чунки дунёдаги енг улуғ аёл,
Уни ҳар дақиқа ўйлаган сайин,
Қувониб, севиниб сураман хаёл.

Ҳар бир қиладиган ишида режа,
Сўзида майинлик, ҳислар сезилар,
Узоқдан юришин кўрим у кеча,
Атрофни яшнатиб, ифор таратар.

Сочилар садоқа-оқибат нури,
Инсонни яйратиб қувнатиб қўяр,
Мана сизга дўстим аёл ғурури,
Қалбингиз маънавий озиқдан тўяр.

Маслаҳатлар берар онангиз каби,
Билолмадим буни дўстимми онам,
Юракка киргани шудир сабаби,
Билмадим руҳимми ёки бу танам.

Ёнимга келиб у суҳбат қургандай,
Ҳаётдан сабоқлар бераверади,
Ичимга нур бўлиб гўё киргандай,
Яхшилик томонга бураверади.

Ей ҳурлиқо ҳар кун ёнимга келгин,
Суҳбатингдан кейин ижод қиламан,
Мендан узоқлашмай қўлларинг бергин,
Сендан илҳом олиб шеърлар битаман.
Одамлар қалбида мангу яшайман.

      19.02.2024 йил

Икки хотинликнинг холига войдир

Узоқ ўтмишларга назар соламиз,
Ундан хулосани тўғри оламиз,
Гар амал қилмасак хуноб бўламиз,
Икки хотинликнинг холига войдир.
Қўша хотинликнинг кўз ёши
сойдир.

Шоиринг ёзмоқда бари кўрганин,
Отабекни ҳам-ки вали демагин,
Унинг ҳаётига ҳеч ўхшамагин,
Икки хотинликнинг холига войдир.
Қўша хотинликнинг кўз ёши
сойдир.

Шартми Отабекка бу мусибатлар,
Марғилон-Тошкенту йўл уқубатлар,
Қалбга етказилган оҳ талофатлар,
Икки хотинликнинг холига войдир.
Қўша хотинликнинг кўз ёши
сойдир.

Зайнаб ҳам севарди Кумушдан ортиқ,
Кундошга Отабек не қилди тортиқ,
Буларнинг ҳаммаси отага боғлиқ,
Икки хотинликнинг холига войдир.
Қўша хотинликнинг кўз ёши сойдир.

Онажон қасд қилдингиз ўғлингизга,
Ота юритмадингиз шу йўлингизга,
Афсусдан йиғладинггиз умрингизга,
Икки хотинликнинг холига войдир.
Қўша хотинликнинг кўз ёши сойдир.

Ҳавас қилманг ундайнинг ҳаётига,
Керак бўлар ёғ, ун талагича,
Иккидан бири ётар тилагича,
Икки хотинликнинг холига войдир.
Қўша хотинликнинг кўз ёши сойдир.

Аллоҳга шукур

Бизни учраштирган Аллоҳга шукур,
Сизни жуда ҳам яхши кўраман.
Юргизмоқдамизку бир хилда фикр,
Жоним қалбимга жойлаб қўяман.

Қўлларингизни беринг қўлимга,
Гулзорлар ичида сайр қиламиз,
Бахт кулиб келдику мана йўлимга,
Бахтиёр замонда бахтли яшаймиз.

Бахт деган саволга жавобимиз шу,
Келмади бахтим деб юрмасин ҳеч ким,
Севгига бахшида хитобимиз шу,
Муҳаббатдан айро бўлмасин ҳеч ким.

Жоним кўзингизни тикинг кўзимга,
Айланиб қолмасин орзу армонга,
Келинг, қулоғингиз тутинг сўзимга,

Биз ожизмиз ҳақдан келган фармонга.

Дил яра бўлмасин қовормасин қалб,
Сиз менга юраксиз жоним умрбод,
Бир нима демоқчи қовжираган лаб,
Тундаги ибодат бўлсин ижобат.

Бу ҳурлиқо ким деб ҳайрон бўлманглар,
Фақат у хаёлда фаришта еди,
Мени қарғаманглар сарсон деманглар,
У бир муддатгина самодан тушди.
Уйғотиб қўлимга қаламни берди.

                    26.02.2024 йил

Аллоҳдан сўрардим.

Аллоҳдан сўрардим ҳар тун ёлвориб,
Ғойибдан бўлса ҳам бир фаришта бер,
Умрим ўтяпдику боряпман қариб,
Қалбимга кирувчи бир саришта бер.

Нидо келди самодан саҳар чоғи,
Қалбингни яйратар юбордик бир ҳур,
Ювилар ичингдан дард-алам доғи,
У сенинг қалбинга қайтаради нур.

Ҳа шундай бўлдия у оддий аёл,
Меҳрнинг чашмасин кўзларин очди.
Бошимда айланар мин битта хаёл,
Қалбимга оқибат ғурурин сочди.

Қалблар роҳатланди пинҳон ёзишдик,
Гўё яшаяпмиз фақат иккимиз.

Туннинг оғушида бирам яйрадик,
Сўзлар сўзларга мос бир хил фикримиз.

Топишдик қалбларни-қалбларга қўйиб,
Енди бир умрга бўламиз сирдош.
Меҳр булоғидан сув ичинг тўйиб,
Бир муҳитда ўсган бизлар замондош.

Тунда бу сўзлардан маст бўлиб қолдик,
Чунки ишқ шаробин қўйиб берибсан.
Қувнашиб-яйрашиб тонгни орттирдик,
Бир қучоқ гулларни териб берибман.
Қарасам туш экан сакраб турибман.

      27.02.2024 йил

Ёқар.

Кўз ўнгимда намоён,
Поездан хўп тушушинг.
Қаҳ-қаҳ етиб ногаҳон,
Ёқар танга кулишинг.

Қараб гоҳ тўрт томонга,
Бирам гўзал юришинг.
Нигоҳ ташлаб осмонга,
Ёқар хаёл суришинг.

Болаликка қайтасан,
Еслаб уни туришинг.
Фақат бир сўз айтасан,
Ёқар шуни айтишинг.

Қулоғимга ёқимли,
Севаман деб айтишинг.
Ҳаёт шундай оқимли,
Ёқар бирга бўлишинг.

Илтимос қолма кетиб,
Қалб ўртар аразларинг.
Келдим мен кечиринг деб,
Ёқар жоним қайтишинг.

Қалбингдан ҳислар қилиб,
Биламан сен севишинг.
Мудом хушчақчақ бўлиб,
Ёқар бирам кулишинг.

Ёзсам бўлар минг кеча,
Ёқар елка беришинг.
Юрак олмос тушунча,
Жилва қилиб қўйишинг.

                06.03.2024 йил

Муҳаббат

Яна келдингми сен раҳмат азизам,
Жоним васлинг мени девона қилди.
Ишқинг шаробидан тўлган бу кўзам,
Тотдим оҳ мазаси лабимни тўлди.

Сени мақтадим ердагиларча,
Барчаси ҳайрон кўзлари чақнаб.
Ҳа севаман дедим елдошларига,
Сен ёнимдасан юрибман яйраб.

Ердагиларга ҳавас қилмагин,
Улар сенчалик сева олмайди.
Мендан бошқага кўнгил қўймагин,
Ҳеч ким менчалик меҳр бермайди.

Сени менга қилган илтифотларинг,
Юрагим тубида жойлашиб олган.
Ой каби чиройинг латофатларинг,
Бир умр қалбимда сақланиб қолган.

Бизларни муҳаббат айро қилолмас,
Чунки унда ҳислар паймонамиз бор.
Тан-у вужудимиз бўлак яшолмас,
 Ишқий китобимиз сарлавҳамиз бор.

Мана янги тонг ҳам ёришиб қолди,
Яна самоларга учиб кетмасин.
Юраклар пинхона севишиб қолди,
Албатта ҳар туним яйраб келасан.
Меҳр тафтинг билан қалбга кирасан.

Армон нима қисмат-чи?

Тўрт оғайни тўрт жойдан,
Кеча йиғилиб қолдик.
Сорашдик илк Холвойдан,
Ешитиб ичимиз тортдик.
Ҳурмат қилмас отасин,
Аёлига беписанд.
Кафтда тутмас онасин,
Биз йиғласак у хурсанд.
Донишманд бор даврада,
Муҳокама қилади.
Артист бўлгин саҳнада,
Деб дакки ҳам беради.
Холвойнинг сўзларини,
Қилдинг таҳлил бирма-бир.
Олай тирар кўзларини,
Ичи ғадир-будир кир.
Еҳ деди донишмандим,
Аёлингни қўя қол.
Букилди мани қаддим,
Тилим бўлиб қолди лол.
Имконинг бўла туриб,

Гар қилмасанг яхшилик.
Бўласан кўнгли ғариб,
Сенда боркан бахиллик.
Бу сенга наф бермайди,
Афсус чекасан ҳар он.
Вужуд таънанг қарийди,
Сен учун бари армон.
Сўз беришди Нурвойга,
Йиғлатди ҳаммамизни.
Боқаркан ҳар кун ойга,
Қўзғади дардларимизни.
Онадан ерта қолган,
Отасини еслолмас,
Етимликни ҳис қилган,
Ким дўст-душман биломас.
Хаёл қилиб яшайди,
Гўё улар билан бир.
Бағри дилин ғашлайди,
Билган гапи ичда сир.
Донишманд қисмат деди,
У учун бу армонмас.
Чунки у гўдак еди,
Қўлидан ҳеч иш келмас.
Бўларди десак армон,

Яхшиликни қилмаса,
Имкони бўлиб ҳар он.
Онасига боқмаса,
Отадан хабар олмай,
Фел бузиб қўйса шайтон.
Қалбига иймон солмай,
Ўца бу билинг армон.
Қисмат Аллоҳ буйруғи,
Пешонага ёзилган.
Кеца кимнинг довруғи
У тақдир деб чизилган.
Ният қилса бир нима,
Нафис қўймай бермаса.
Сен сўнг армонинг қилма,
Куйинма қалб йиғласа.
Омонат бу нима деб,
Хайрон бўлманг азизим.
Албатта қисматни деб,
Хазон бўлганку қизим.
Ушалмаган орзулар,
Билсангиз армон улар.
Ҳақдан келган буйруқлар,
Тақдир-у қисмат булар.
Шуни седан чиқарманг,

Тортишувлар керакмас,
Атрофда армон қилманг.
Бехуда қалб йиғламас.

Ижодкорга еҳтиром.

Илҳом келдим файз кирди,
Ижод гулшани яшнар.
Мавзуни ҳамма билар,
Халқ уни дуо қилар.

Умрингиз узоқ бўлсин,
Илм излайсиз мудом.
Уйингиз нурга тўлсин,
Сизга тилайман калом.

Шеърларингиз юракка,
Жуда яқин боради.
Қўшилинг дўст тилакка,
Сизга ҳам Ҳақ беради.

Ушбу кунинг таърифи,
Албатта сиз биласиз.
Пири устоз саиди,
Шубҳа йўқ сиз биласиз.

Илм фан деб ўлкалардан,

Ўлкаларга келгансиз.
Узоқ кетиб акалардан,
Қалбни нурга қўйгансиз.

Сўз мулкининг султони,
Деган мақом олгайсиз.
Сизга ислом иймони,
Шайхдек дилда қолгайсиз.

Ҳар хил лойиҳа билан,
Қизғин суҳбат кургайсиз.
Илож йўқ бермайин тан,
Юртни бўстон килгайсиз.

Сизни қалқон Абдуллалар,
Еркин Воҳид мактаби.
Илҳом берар тароналар,
Бу сиздаги хулқ таъби.

Кўкракдаги медаллар,
Ўз ўзнида берилган.
Уйқуда ҳам хаёллар,
Илм-фанга таянган.

Илмий иш даражаси,
Дунё бўйлаб таралди.
Бўстоний шажараси,
Тарихларга битилди.

Давом қилсин фарзандингиз,
Бу тадқиқот ишларин.
Кўрмоқ сирин ўргатдингиз,
Бу иморат ғиштларин.

Сизга соғлик-саломатлик,
Тилайман куч-матонатни.
Учрамаган талофатлик,
Тилайман зўр латофатни.
Йўқотмайлик садоқатни,
ДЎСТЛАР ЁЗДИМ ҲАҚИҚАТНИ.

      28.02.2024 йил

Ассалому алайкум янги тонг муборак бўлсин азизларим. Қишнинг сўнгги кунлари.

Ассалому алайкум,
Ҳур нурли Ўзбекистон.
Бағрим очдим-у кўнглим,
Қўлим кўксимда.
Янги тонг қутлуғ бўлсин,
Шодон ўссин болалар.
Уйингиз нурга тўлсин,
Очилсин гул лолалар.

Тонгдан ижод гулшани,
Дарвозасин очади.
Унга синган жон руҳим,
Ҳамма меҳрин сочади.

Қишнинг енг сўнгги куни,
Баҳор келар очилиб.
Кетди зулматли туни,
Илҳом келар сочилиб.
Ёзайлик муҳаббатдан,

Ишқ вафони четламай.
Юрак ёнар ҳақиқатдан,
Қалбдан ёзинг чекламанг.

Синфдошлар бир бўлинг,
Шудир шеърим маъзмуни.
Қадрлашинг ҳур бўлинг,
Муҳлисанинг орзуси.
Таълабларчун ёзилди,
Юрак-бағрим тилинди.

     29.02.2024 йил

***

Ўтамизми енди шундай,
Ғурурли мард йигитлар.
Ендингиз-ку ғиротдай,
Оддий кўринар сиртлар.
Қалбда гўзаллик қани,
Кўмиб қўйибмиз ерга.
Йўқолди инсон шаъни,
Қаранг дўстларим елга.
Улар иноқ яшайди,
Қадрдон бир-бирига.
Туғишганга ўхшайди,
Йиғиларлар ҳовлига.
Дошқозонда сумалак,
Бошладилар пишириб.
Қизлар ҳар томон ҳалак,
Хурсанддирлар йиғилиб.
Биз нима қилиб қўйдик,
Ички гўзаллик учун.
Сиртимизни безадик,
Кўз-кўз қилишлик учун.
Қанисиз қайдасиз дўст,

Бир қўнғироқ қилмайсиз.
Ҳаётимиз шунча кўст,
Келиб ҳол сўрамайсиз.
Зумрад ёзди оғриниб,
Ким хабар олди айтинг.
Айтинг юрак ёрилиб,
Ишлаяпти у сайтинг.
Кириб кўринг уларга,
Хулоса чиқарасиз.
Йиғлаб ёздим тунларга,
Бу жазони тортасиз.
Қалбни йиғлатган инсон,
Кўкармайди боғ бўлмас.
Ўца ҳамки йил, замон,
Дўстим деб оҳлар урмас.
Минг бой-давлатли бўлсин,
Асло юраги КУЛМАС.

       29.02.2024 йил

***

Бўлажак бола бошдин,
Деганлари ҳам тўғри.
Тарбия носоз олса,
Бўлар муттаҳам ўғри.
Будир ноқобул фарзанд,
Ҳеч бир сўз ҳам хор қилмас.
Меҳрдан гапирамиз,
Минг бор куйинг у билмас.
Сўраймиз ақл-хушни,
Ўргансин дин-диёнат.
Меҳр берсин Ватанга,
Қўйсин чиндан садоқат.
Қалбга кирса оқибат,
Нурга тўлади юзлар.
Қадрдонларга қараб,
Кулиб туради кўзлар.
Бахтлисиз ўғил-қизлар.

15.04.2024 йил

"Шоира Хафиза Егамбердиевага"

Юрагим ғам, тонг саҳардан ўйладим,
Кириб бошлиғимг-ёзай ариза.
Ешигин олдида бир шеър тингладим,
Фалсафий ёзибди-синглим Хафиза.

Мени қайтарди-бу фикр ҳаётга,
Аризани бермай қайтдим ортимга.
Қалбим кириб кетди-ўша баётга,
Менга кўмак бўлди сатри-шаштимга.

Ҳаёт шу екан-ку яшашинг учун,
Кимлардир сабабчи бўларкан ё Раб.
Ва кўксингни очиб курашинг учун,
Фақат олға бор деб-қўяркан талаб.

Мана шеъриятнинг халққа хизмати,
Она замин-у хайри жамиятга.
Насиб қилгай сизга халқим иззати,

Шеърингиз ўралган-ку ҳақиқатга.

Бор бўлинг саломат, тўлинг нурларга,
Ўғил-қиз, набира кўринг бахтини.
Сизни ўхшатаман само-ҳурларга,
Суянинг сингилжон-улар тахтига.

                        15.04.2024 йил

Сени соғиндим.

Сени соғиндим лек-сенда сезмадим,
Билганим телефон қилмайин қўйдинг.
Қалбимга киргансан атай соғиндим,
Муҳаббат ҳақида шеъримдан тўйдинг.

Соғиниб қўнғироқ қилсам олмайсан,
Ўйладимки, мендан безорлар бўлдинг.
Борсам йиғинларга нега бормайсан,
Ширин жоним қийнаб пичоқсиз сўйдинг.

Ўша мактаб чоғи севмаганингда,
Юрмасдим қалбимда сени еркалаб.
Йўлларимни кесиб-чиқмаганингда,
Тўймасдим изингга қараб ерталаб.
Бўйнимдан кучоқлаб олган чоғларинг,

Унутдинг шекилли кўча бошини.
Учрашувга сени ўзинг чорладинг,
Қара аҳволимга-кўзим ёшини.

Сендан вос кечолмай юрак ҳам йиғлар,
Сени кўрдим келар соғинган сайин.
Бу қисматим- ҳар тун бағримни тилар,
Адолар бўляпман еслаган сайин,
Бир умр унутмай ўтишим тайин.

      16.04.2024 йил

Менга тақиқ қўйдинг

Менга тақиқ қўйдинг- ишқдан ёзма деб,
Кимлар ёзмаган- муҳаббат сатрини.
Ўринли айтмадинг гапни чўзма деб,
Сен ҳидлаб кўрмадинг ишқнинг атрини.

Навоийдан мерос севгини куйлаш,
Машраб қўйиб ўтган ишқ адосига.
Керакмас жигарим шоирни сийлаш,
Унинг оғриғи юрак ярасида.

Ошиқ еркин ёзган саксон ёшида,
Енди бу мавзуга чек қўйингиз бас.
Зарифий тиз чўккан ёрнинг қошида,
Биз ёзсак қилибмиз уларга ҳавас.

Муҳаммад Юсуфнинг ижодин кўрсак,
Ўзга сайёрага сайр қиламиз.

Шеърларини бир зум- қалбларга
қўйсак,
Назмга ошиқлар бўлиб қоламиз.

Севгидан битганлар қанча шоирлар,
Абдулла Ориповни
эшитмаганмисиз.
Ишқ-наво куйлаган Турди Зоирлар,
Еркин Воҳидларни
тинглагандирсиз.

Баралла айтаман муҳаббат тирик,
Унга машмаша-ю, изоҳ керакмас.
Бахтли яшасинлар иккала жуктлик,
Севгини ёлғон деб ҳеч ким
айтолмас.
Ишқдан куйлайверинг жонимиз
толмас.

      19.04.2024 йил

Тўртлик

Айтганларингизни бари ҳақиқат,
Буларни ҳеч инкор қилиб бўлмайди.
Нима кераги бор ёлғон садоқат,
Қалбда сақлаймиз-у айтиб бўлмайди.

Сенга еҳтирослар билдиргим келди

Сенга еҳтирослар билдиргим келди,
Менга яшашимни ўргатиб қўйдинг.
Бахтим сенга баён қилгим келди,
Ижодсиз йилларим кўрсатиб қўйдинг.

Майли сен айтгандек яшай олмасам,
Лекин ижодимга тегинмасанг бас.
Шеърларимла қалбда қола оламан,
Севги тараннумли шоирга ҳавас.

Сен билмайсан назм-нима ўзи бу,
Пул кирмаган ишга қўлинг чўзмайсан.
Шеърлари шоирнинг билсанг юзи бу,
Қалбида тирикдир уни сезмайсан.

Бу шеър қандай қилиб дунёга келар,
Аёл тўлғоғидек буни билиб қўй.

Сўзлари илоҳий юракдан сизар,
Қалбинг қабул қилса ижросидан тўй.

Сенга бу туйғуни етқизолмайман,
Чунки сен тинглашни ҳеч хоҳламайсан.
Сени ғазабингдан асаб бузмайман,
Маънавий қашшоқсан ҳеч англамайсан.

Сенга тушунтириш ҳавога айтиш,
Телбага уқтириш билан баробар.
Сенга керак асли худони таниш,
Кеч бўлар Азроилдан-келсаа хабар.
Тавбаларга таян-яқиндир сафар.

        18.04.2024 йил

***
Синики фақат ижро,
Бизники шеър ва ижро.
Овозга-кўз тегмасин,
Еътирофга жон фидо.
Сенсиз албатта- яшашим қийин.

Фақат сен Худони есдан чиқарма.
Юзларинг нурларга тўлиб турса ҳам,
Шаштинг келажакка уриб турса ҳам,
Йўлингда қанчаси кулиб турса ҳам,
Фақат сен Худони есдан чиқарма.

Шон-у шуҳратларинг замон зайлидан,
Бахт топиш дуодан-муслим аҳлидан.
Омад қайтиш билсанг Аллоҳ қаҳридан,
Фақат сен Худони есдан чиқарма.

Кибр яхши емас унгача борма,
Бесамар ҳаракат қилиблар толма.
Кераксиз буюмга айланиб қолма,
Фақат сен Худони есдан чиқарма.

Роббим сенга бойлик мансабни берар,
Қанча савоб ишинг амалда кўрар,
Ҳозир ажабланма қўшида сўрар,
Фақат сен Худони есдан чиқарма.

Унинг мартабаси ҳар недан устун,
Зикрлар риск бўлар бутун,
Аламалардан ичда қолмайди тутун,
Фақат сен Худони есдан чиқарма.
Ул ҳақ-таолони седан чиқарма.

                        17.04.2024 йил

Тўртликлар

Шеърият оламининг қироличаси,
Дилафруз Жамолни дунё тан олсин.
Ижод гулшанининг гилос-олчаси,
Туғилган айёмингиз муборак бўлсин.

Бугун янги шеърнинг гувоҳи бўлдим.
Бугун янги шеърнинг гувоҳи бўлдим,
Маъноси сайрга таклифлар екан.
Тонг-саҳар тўғриси нурларга тўлдим,
Ҳақиқат сўзларни юракдан олган.

Сингилжон сайрни мен ҳам хоҳлайман,
Ёшимизнинг оз-моз борку фарқлари.
Шеърингизни ўқиб яна ўйлайман,
Фикрим ўзгартирар сатр шарҳлари.

Майли деганимга қўллар узацам,
Сўнг нима қиламан ҳислар уйғонса.
Қўя қол енди деб-қалбни тузацам,
Бўйсинмасдан қаранг ақлимиз шошса.

Кечирасиз буни юрак истайди,
Ўйланг чорак аср ортга қайтишни.
Қаламингни ол деб-илҳом қистайди,
Шеърда лозим топдим барин айтмоқни.
Юринг чиқдик Зомин баланд тоғига,
Қип-қизил лолалар очилиб бўлган.
Қалбингизни тингланг сиз буёғига,
Шаштимиз қарсиллаб ура қолса бонг.
Сизнинг шеърингизни-ку бунинг сабаби.
Дилни хун айламанг-вужуд талаби.

20.04.2024 йил

Зўр мавзу

Зўр мавзу танлаган чат дастурида,
Жуфти ҳалолимиз ҳақида суҳбат.
Барчаси деярлик қалбнинг қўрида,
Узоққа кетмасин меҳр-оқибат.

Умр йўлдошимиз омон бўлсинлар,
Уларсиз ҳаётнинг завқи бўлмайди.
Невара-чевара тўйин кўрсинлар,
Рост сўзим сизларсиз кўнгил
тўлмайди.

Сизлар ой нур сочган бизлар
қуёшмиз,
Юлдузлар ўғлимиз-қизимиз бўлсин.
Меҳрибон екансиз-қалби оташмиз,
Порлаб турган юлдуз ҳеч ҳам
сўнмасин.

Тингланг аёлингиз кучли ижодкор,
Унинг оҳангидан дил ором олар.

Топган шон-шуҳрати сизга ифтихор,
У ҳар муҳлисининг қалбида яшар.

Унга ёрдам беринг қўш қанот бўлинг,
Бу илоҳиётдан берилган неъмат.
Овозин сеҳридан нурларга тўлинг,
Сиздан йироқ юрсин бало-ю офат.

Бу икки дунёнинг саодати ҳам,
Савоблар бариси сизга ёғилур.
Жуфти ҳалолингиз садоқати ҳам,
Қалбдаги меҳри ҳам сизга сочилур.

Унинг қалби билан сирлашиб юринг,
У сизга жаннатда макон бўлади.
Жоним денг, еркаланг кафтда кўтаринг,
Ҳар сўзи дардларга дармон бўлади.
Жонимиз ҳам тинч-у омон бўлади.

21.04.2024 йил

Устозга еҳтиром

Ассалому алейкум хур Ўзбекистон,
Қалбларга қўямиз нур ила калом.
Чат дастуримизда- бўлдилар меҳмон.
Улуғ шоира – Назирга ас салом.

Қалб суҳбатлардан меҳрга тўлди,
Биллур каби кўнгли жуда мусаффо.
Ҳар бир ижодкорда таасурот қолди,
Муҳаммад Юсуфга кўрсатган вафо.

Улар билан кечган давраларини,
Еслаб руҳини жуда шод қилдик.
Айрилган пайтда жабрларни,
Тинглаб дардларига жон малҳам бўлдик.

Илоҳо устознинг руҳи шод бўлсин,
Етмиш йиллик тўйи муборак бўлсин.
Қалблари Қуръон нурига тўлгай,

Қалбларда барҳаёт минг йил яшасин.

Устозга еҳтиром кўрсатганимиз,
Савоби муҳлисга ёзилар албат.
Номига тиловат қилганларимиз,
Аллоҳ даргоҳида бўлгай ижобат.
Тинглаган дўстларим бўлинг саломат.

22.04.2024 йил

Ота ҳовлимиз.
Чиройли мавзу бу ота ҳовлимиз,
Болалик давримиз бир еслаб ўтдик.
Не кечмоқда қаранг ҳозир ҳовлимиз,
Қўшиқларга солиб жондин куйладик.
Бонужон, Манзурада шеър ижроси.

Онанинг соғинчи.

Кўзимга ёш олдим бир шеърни ўқиб,
Онанинг соғинчи юрак ўртайди.
Вужуд тўлқинланиб қалбимни чертиб,
Ғоялар келсада шунга тўхтайди.

Онанинг соғинчи ҳар недан устун,
Ўрин босолмайди бошқа мавзулар.
Ичингни қамрайди оловсиз тутун,
Сўзлар сатрларга бир-бир тизилар.

Кўксининг қарига бошин қўёлмай,
Кўз ёшин сиздириб армон етаклар.
Ёки тирик бўлиб, ёки ўлолмай,
Хазон бўлмоқдая ғунча куртаклар.

Тақдирнинг зарбига тополмай чора,
Ўтмоқда кўз ёшин ёстиққа қўйиб.
Уйқудан уйғонар синглим бечора,

Онасин суръатин бағрида олиб.

Катта дарвозалар тор бўлган палла,
Жигарлар уйига киролмаган он.
Йиғлаб фарзандига айтганда алла,
Еслаб муштипарин ўртанади жон.

Сизга атаб ёзди қалбдан ашъорин,
Илоҳо руҳингиз мудом шод бўлсин.
Шеърда тўкиб-сочган юракда бўлсин,
Уни Аллоҳимни ўзи қўлласин.
Ижод оламига порлоқ йўлласин.

                        11.05.2024 йил

***

Йиғламай ўқишнинг иложи йўқдир,
Шеърларин маъзмуничақсангиз агар.
Шу сабаб ижоддан кўнгли ҳам тўқдир,
Назмда пешқадам борар Санобар.

Насиб қилмас унга бу она замин,
Тупроғин кўзига тўтиё қилмоқ.
Улар бу шеърларим ўқиган сайин,
Керак ҳисларини қалбига илмоқ.

Турли қарашлар-у ёмон кўзлардан,
Аллоҳим асрасин она маконим.
Мадҳингни куйлайман дилбар сўзлардан,
Гулласин яшнасин Ўзбекистоним.
Чаманда бир сангин боғ-у бўстоним.

                              09.05.2024 йил

***

Жавлонбекга мактуб

Топган ғоясига қойил қоламан,
Мактуб бағишладим сенга Жавлонбек.
Барини юракдан чин деб айтаман,
Шеърни ёз Муҳаммад устоз айтгандек.

Мухлис войдод десин ўқиганида,
Тўтиё қилсин-у қўлдан қўймасин.
Булбуллар жим қолсин тинглаганида,
Гуллар яшнасин-у диллар яйрасин.

Ватан ҳақидаги мисраларингни,
Оҳангги —оҳулар қанотин ёзсин.
Айтаётган ҳар бир тилакларингни,
Аллоҳим илоҳо мустажаб қилсин.
Чиройли оила фарзандлигингни,
Биламиз укажон жасурлигингни.
Шеъриятга қалбинг пайвандлигини,

Кўриб қувонамиз ҳур нурлигингдан.

Бахту-тахтинг берсин яратган егам,
Ўзингга муносиб ёрни тилайман.
Бўлсин жигар гўшам ҳаётинг кўркам,
Буларни укажон қалбдан истайман.
                    10.05.2024 йил

***

Мусиқаси ўзида,
Бу ҳаммага ҳам емас.
Ўти бордир кўзида,
Бошқаларга ўхшамас.

Кўришмоқ насиб қилди,
Ғойибона бўлса ҳам.
Қўшиғи қалбга сингди,
Москвадан ешицам ҳам.

Илоҳим нафасига,
Сира кўзлар тегмагай.
Мухлислар дасхатига,
Сира жойлар қолмагай.

Орцин улар миллиардан,
Улуғ ойда ният шу.
Келсин олқиш ҳар ёқдан,
Хофиздаги журъат шу.

Дунё артисти бўлинг,
Сиз бундайга лойиқсиз.

Юракдан авж олинг,
Бу чаманда борлиқсиз.

Фақат омад тилайман,
Сиз-ла юрсин гитара.
Буни қаттиқ истайман,
Файзлар ошсин тоборо.

Санъат саройидаги,
Консертингиз зўр ўцин.
Мухлис нигоҳидаги,
Завқи давра тўлдирсин.

Сўрашсинлар яна кун,
Майли ойга чўзилсин.
Мухлиснинг қалби бутун,
Соғ-у саломат бўлсин.
У сизни еслаб юрсин.

31.03.2024 йил

Кулгичи бор

Чиройли кулгичи бор,
Сўзлари мазали бол.
У миллатга ифтихор,
Шоирамиз Гулжамол.
Гулшанимизнинг файзи,
Ўтирган давра жўшқкин.
Бу тинчлигимиз файзи,
Ижодида нур тўлсин.
У юракка малҳамдир,
Шеъри дардни даволар.
Қалбнинг душмани ғамдир,
Ёғса фалокат айблар.
Бу балодан сақловчи,
Унинг тиғли ижоди.
Мен дуолар тўловчи,
Нурга тўлсин ҳаёти.
Ижодга омад тилаб,
Доим кўркини берсин.
Ундай илҳомлар олай,
Орлар кўксини туцин.

Демоқчи бўлганим бу,
Тўмарислар ўлмаган.
Гулжамол айтганим бу,
Ижодингиз сўнмаган.
Гуллаб яшнаб, порлаб,
Ҳар шеърингиз қалбларда.
Қўшиқ бўлиб яйрагай,
Тафти ширин лабларда.
Жозибаси табларда.

      31.03.2024 йил

Дўст.

Дўст тутдим бир хоинни,
Унга яқин бўлдим деб.
Билмапман у осийни,
Чин дўстимни топдим деб.

Айцам ғалвани бошдан,
Мақсад аниқ бўлади.
Сиёҳ тошар кўзёшдан,
Оқ қоғозга тўлади.

Қизин берди ўғлимга,
Меҳрибонлиги устун.
Дунё бердим қалинга,
Шуни қалбда тутун.

Икки тиз ерга ташлаб,
Қўртдек санаб олдилар.
Гўё мол бозор айлаб,
Сал уятга қолдилар.

Дабдаба тўй бошланди,
Бунча тез, бунча қувонч.

Мато йиғиб ташланди,
Хотинида бу ишонч.

Соддагина зўр қизи,
Келин бўлмиш бош егик.
Қизарар анор юзи,
Гоҳ севинар, гоҳ хунук.

Тўй тугади, чақириқ,
Аста-секин бошланди.
Йилимни билмай балиқ,
Айниб хулқин бошлади.

Дердилар у муаллим,
Булғуси касби кори.
Кимдан олганкан таълим,
Сўниб борар ифори.

Уч кунлик келин асли,
Қандай бўлади айтинг.
Суриштирмапмиз насли,
Шайтон измидан қайтинг.

Йўқ у қайтмай ғалаён,

Кўтарарди турли-хил.
Чопар еди гоҳ ҳарён,
Сабр қилолмасди тил.

Ўзи сабр қилмаса,
Тил қандай ўзин тийсин.
Етча ақл бўлмаса,
Ор-номус қайдан билсин.
Ҳамма ният қилади,
Бахтлар чулғашиб келсин.
Келин ичин титади,
Режа амалга ошсин.

Кўнгли совуди уйдан,
Чунки мақсадлар бошқа.
Хабар ёзади телдан,
Кўчадаги ошиққа.

Бўлди ҳаммаси ён,
Севги уволи ёмон.
Айтолмайман ишқда ён,
Юракда кезар армон.

Қўлидаги телефон,

Жонли ефир қилади.
Ҳаёт қизиқ ўзи фон,
Вирус грип қилади.

Ёзув кетар отага,
Қилар зўрин томоша.
Ғурурсизкан қайноға,
Бир бирига яраша.

Сочи узун аёли,
Калтафаҳим иш қилди.
Қизин бузиб хаёли,
Яшатмасликка ўтди.
Кесар у арра каби,
Мақсадини билдирди.
Деди кимдир хой иби,
Уни сал уялтирди.

Уялиш қайтда дейсиз,
Ор-номуси йўқ екан.
У иймонсиз жодугар,
Қўшмачи бир ҳўқ екан.

Олиб кетди қизини,

Турли даъволар босиб.
Ўйлаб туриб изини,
Нол иккига хат ёзиб.

Ўн беш кунлик келинга,
Яна харид топади.
Бераман деб тенгига,
Бахтин қора қилади.

Қийналдинг сен албатта,
Дўстинг хиёнатидан.
Йиғлар сўзлар сатрда,
Унинг алдовларидан.
Шокка тушган единг,
Унинг мақтовларидан.

     01.04.2024 йил

Менку яхши шоирмас

Менку яхши шоирмас,
Яхши шоир Тошкентда.
Сўзларим жўн ширинмас,
Зўр шоирлар минбарда.

Келтириб оддий сўзлар,
Зерикмай деб ёзаман.
Овозим ҳам ғалати,
Шеър ўқисам куламан.

Ўзимга савол бериб,
Сен қайдасан у қайда.
Мақтасам кўкрак кериб,
Шоирлар хонсаройда.

Овозлари мулойим,
Танга ипак қўйгандек.
Анвар, Шоди, Гулойим,
Сенга атаб ёзгандек.

Яна топ зўр шоирлар,
Тушларинга кирсайди.
Қайцанг ўн саккиз ёшга,
Сени севиб қолсайди.

Чанқоқсан еҳ хурсандман,
Қалбинг шеърга тўлдиргин.
Ҳали ёшсан беғубор,
Зўр шоирни кўндиргин.
Дастхат сўра тортинма,
Профилга расм қўй.
Ошиғини қизғанма,
Юрак деган жисм қўй.

Шеър ёзиб қойил қолдир,
Майли дўстлар айтинг.
Ижронгдан меҳрин қондир,
Ўчмагай сира сайтинг.

Қани бир суриштиргин,
Қўмитага аъзоди.
Балким Аллоҳдан келган,
Бу менга бир жазодир.

Ҳа мени мақтамайсан,
Уни кўргин забардаст.
Афсус деб ачинмайсан,
Ҳаёт шундай баланд-паст.

Менга шеърни аслида,
Гўзаллар ёздирмайди.
Келиб қолса хурлиқо,
Ёзинг деб ҳеч қўймайди.

Қайда унинг хатоси,
Ёки менда заифлик.
Менку шеърнинг гадоси,
Унга сўз йўқ таърифлик.
Яна қайцам мавзуга,
У шоирининг онлайн.
Бир назар сол кўзгуга,
Аксинг қалбга солайин.

Менга қолсин хотира,
Ўтмишимни еслатар.
Хурлиқо қиз бокира,
У қалбимни кузатар.

Кўксимга бошим қўйиб,
Дард аламни кетказар.
Сенданда кўп-кўп суйиб,
Шеърлар ёзишга ундар.

Мени ерда қолдириб.
Самога олиб кетар.
Шоирнг шеърлар битиб,
Фағоли бошни нетар.

Менда у шоирдан ҳам,
Фақат ушбу шеърлар қолар.
Ғам келиб ўйланганда,
Бор дардинг ичга ютар.

Мен сукут сақлаганда,
У ҳам бир муддат кутар.
02.04.2024 йил

Ассалому алейкум

Ассалому алейкум,
Мани билган билмаган.
Кечаги шеърий туркум,
Хазил-чин деб битилган.

Сўрабди кўпчиликлар,
Ҳаётий айтаман.
Фарқласам озчиликлар,
Шу мавзуга қайтаман.

Асли менда шеър ижро,
Синфдошда бўлади.
У жой қалбларга жо,
Дўстлар билан тўлади.

Бир шеър ёздим сал узун,
Ҳамма қабул қилишди.
Қайнонам қизи шу кун,
Бошқа шеърни қўйишди.

Ҳой деб ўзимдан-ўзим,

Оз-моз хафароқ бўлдим.
Еътибор қилмай сўзим,
Яна шеърга овундим.

Ярим тун икки учлар,
Йиғлаб Хурниса келди.
Ёзинг деди қўл ушлаб,
　Елкамга шамол тегди.

Йигирма икки куплет,
Шеърингизни тингламай.
Аллақандай шоирнинг,
Шеърин эшитар индамай.

Бу ҳақда кўп куйинма,
У ҳам унага муҳлисдир.
Ёнимдасан суюнма,
Менинг бахтим олисдир.

Қўл етмайди узоқда,
Чор-боғлардан топмадим.
Саҳродаги широқда,
Сегоҳлардан топмадим.

Яхши ҳар кун келасан,

Сен Аллоҳнинг фариштаси.
Уч дардимни биласан,
Сен аёллар сариштаси.

Хабар келди отамдан,
Ўғлим ёнимга кел деб.
Хабар келди онамдан,
Тезроқ уйинга қайт деб.

Сен сўра Аллоҳимдан,
Қай томонга борайин.
Сўра меҳрибонимдан,
Қайсин кўнглин олайин.

Ёзадиган шеърим кўп,
Қўллаб тургин улгурай.
Нима десанг айтай хўп,
Сенла жаннатга кирай.

Бу дунёдан чарчадим,
Роҳат топа олмасдан.
Иложим йўқ хурлиқо,
Отам ёнига бормасдан.

Мана тонг ҳам отяпти,
Енди сен ҳам кетасан.
Оёқ томир тортяпти,
Қарияпман биласан.

Мени ёлғиз қолдирма,
Илтимосим келиб тур.
Кулгин ўзинг олдирма,
Кулгичингдан бериб тур.

Муҳаббатдан шеър ёзай,
Билганингча айтиб тур.
Мухлис қалбида қолай,
Мен ҳақда ҳам ёзиб тур.

Икки қўлим бош кетар,
Бу ҳақда хўп айтиб тур.
Ўлгунимча хурлиқо,
Хабаримни олиб тур.

Қилма ёмонга парво,
Яхшиликка бўлиб тур.

                    03.04.2024 йил

Кечикмай шеър ёзай деб

Еллик метр йўл сетка,
Ҳақорат келса бетга.
Қилдим таъзим ҳар итга,
Кечикмай шеър ёзай деб.

Кимдир яна бақирар,
Қўлдин қоғозим йиртар.
Қалбимни синдирар,
Йиғлайман шеър ёзай деб.

Илҳом келар гоҳ тунда,
Шеър ҳам айланар шунда.
Ҳалақит қилар кунда,
Нотинчман шеър ёзай деб.

Билинг хоин жасади,
Жаххаанманларда қўйгин.

Беш мақсаддан бириси,
Ҳаётни сақлаб билиш.
Чиқса инсон тулкиси,

Тайин жазони бериш.

Насл сақлаш айтилган,
Албатта туйғудан.
Хиёнатдан қайтилган,
Ихлоснинг бу зўридан.

Кейингиси ақлни,
Сақлаб билиш айтилган.
Кўкартирманг бахлни,
Қасд қилишга шайланган.

Инсон молин қўриқлаш,
Мақсадлардан бириси.
Бу ҳақда-ку кўп ўйлаш,
Кўрилмади-ку чораси.

Динни қўриқлаб билиш,
Мақсадларнинг олийси.
Унга кўнгилни қўйиш,
Улуғ инсон мавқеси.

Бешта мақсад кўрилди,

Динимиз бир дейилди.
Фақат талқин бошқа деб,
Қайта-қайта айтилди.

Шиор билиб ҳадисни,
Унга амал қилайлик.
Дўстларим Азон сасни,
Юракларда туяйлик.

Еркакми ул аёлми ақли бўлсин

Сиздан олиб ор билан шеър бошладим,
Бу тун бўйи юрагимни ғашладим.
Теримга тузлар сепиб ошладим,
Еркакми ул аёлми ақли бўлсин.
Ори бўлсин, номусу-ахти бўлсин.

Худо берган дўстларим бу мияни,
Қувват бўлсин деб тоғларга қояни.
Ей инсон улкан билма сен соянгни,
Еркакми ул аёлми ақли бўлсин.
Ори бўлсин, номусу-ахти бўлсин.

Дард келиб тоғлар каби емирилсанг,
Суви йўқ орол каби симирилсанг.
Тортасан азобингни гар керилсанг,
Еркакми ул аёлми ақли бўлсин.
Ори бўлсин, номусу-ахти бўлсин.

Ул зот берган фаришта нуринг бўлсин,

Мол-у дунё бўлсин ғуруринг бўлсин.
Қувонч шодлик ҳамда шууринг бўлсин,
Еркакми ул аёлми ақли бўлсин.
Ори бўлсин, номусу-ахти бўлсин.
Давлатларга кириб кўр танимаса,
Оға-ининг, ёринг-дўстинг бўлмаса.
Наҳот сенга юрак яйраб кулмаса,
Еркакми ул аёлми ақли бўлсин.
Ори бўлсин, номусу-ахти бўлсин.

Қайга олиб кетасан бунча бойлик,
Дардлар тошиб жўнаца олиб ойлик,
Инсофданми қош-у камон чиройлик,
Еркакми ул аёлми ақли бўлсин.
Ори бўлсин, номусу-ахти бўлсин.

Бўлди бошқа айтмайман ҳеч ёзмайман,
Мен ўзимга-ўзим қабр қамайман.
То охирги кунимгача чидайман,
Еркакми ул аёлми ақли бўлсин.

Ори бўлсин, номусу-ахти бўлсин.

Ортиқча югурма чарчаб қоласан,
Юрак кўтаролмас барибир толасан.
Хато қиляпсанми жазо оласан,
Еркакми ул аёлми ақли бўлсин.
Ори бўлсин, номусу-ахти бўлсин.
Худо берган ес ҳуши ақли бўлсин,
Истайман ҳар инсоннинг бахти
бўлсин.

22.02.2024 йил
*(Москва соат 01:00 тун оғушида
битилди)*

Сен ўзинг муҳаббатим

Майдалаб ёмғир ёғар,
Ёшлигим есга тушар.
Уйда ёр шеърим кутар,
Сен ўзинг муҳаббатим.

Қалбда оташлар ёнган,
Юракка меҳр сепган.
Шунданда ҳислар қолган,
Сен ўзинг муҳаббатим.

Чақнаб туради кўзинг,
Асалдан тотли сўзинг.
Гўзалликда бир ўзинг,
Сен ўзинг муҳаббатим.

Дарёлар тиниб оқсин,
Қўлларим юзинг арцин.
Хулқим ҳамиша ёқсин,
Сен ўзинг муҳаббатим.

Ўн ёшда ғунча гулим,

Ишқдан хабардор дилим.
Сенга талпинган кўнглим,
Сен ўзинг муҳаббатим.

Есингдами шу дамлар,
Болалик зўр йўқ ғамлар.
Тунда ўчмасди шамлар,
Сен ўзинг муҳаббатим.
Зулфиядан ўқирдинг,
Гоҳи-гоҳи тўқирдинг.
Бегим деб бош егардинг,
Сен ўзинг муҳаббатим.

Тонгга қадар юрардик,
Кўзлар тикиб тўярдик.
Тўғри сўзни суярдик,
Сен ўзинг муҳаббатим.

Ҳозир бундай севги йўқ,
Чин севгингиз кўнглим тўқ.
Бир-бирига урмай дўқ,
Сен ўзинг муҳаббатим.

Биз яйраб севинганмиз,

Чин юракдан севишганмиз.
Севиб турмуш куришганмиз,
Сен ўзинг муҳаббатим.
Биринчи муҳаббатим.

                        7.09.2023 йил

Тўртликлар.

Кўзларинг ёғдуси қалбимда ҳамон,
Болалик ҳислари кетмагай магар.
Ўша онлар билан яшайман замон,
Сен менинг ёшлигим-баҳорим
Дилдор.
***

Шеърлари қўшиқдир чиқди ютубда,
Назмда бир дилбар бўлибди пайдо.
Юраги оташдир-олов Мактуба,
Муҳлислар қалбида доим у шайдо.
***

Дилбар жажжи қизалоқ,
Юзи бунчалар оппоқ.
Орзуим ҳар кун кўрмоқ,
Бирга қувнаб юрамиз.
Яйраб-яшнаб ўсамиз.

Бу шаҳло кўзлар.

Ҳамон еслаяпман ўша дамларни,
Унутмасман лабда қолган таъмларни.
Сиз ҳам есланг четга суриб ғамларни,
Суръатда қолибди бу шаҳло кўзлар.

Умр оқар дарё бир зумда ўтар,
Дийдорга ошиқиб ким-кимни кутар.
Бу ёзган байтларим юракка етар,
Суръатда қолибди бу шаҳло кўзлар.

Тўймаган еканман шу он кўзларга,
Беписанд бўлибман болдек сўзларга.
Бўёқлар тегмаган қош-у юзларга,
Суръатда қолибди бу шаҳло кўзлар.

Шеър ёзмангу-есланг ўша чоғларни,
Гуллаган-яшнаган чаман боғларни.

Ювиб ташланг дўстим- қалбдан доғларни,
Суръатда қолибди бу шаҳло кўзлар.

Майли борингизга шукур айтаман,
Ул қалам қошларни еслаб ўтаман.
Ҳуснингизга қараб шеърлар битаман,
Суръатда қолибди бу шаҳло кўзлар.
Ўтмишда қолди бу мовий кўзлар.

                      08.11.2023 йил
(Москва шаҳри, синфдош дўстларга есдалик учун)

Мангу яшайсан.
Юрагимни бир дард кемирар кунда,
Марҳум дўстим учун шеър ёздим тунда.
Руҳлар биздан рози бўларкан шунда,
Сен мангу яшайсан қалбда Жонибек.

Синфнинг сардори-илғори единг,
Дўстларни юракдан қалбдан севдинг.
Нечун бунча шошиб вақтлироқ кетдинг,
Сен мангу яшайсан қалбда Жонибек.

Билиминг шунчалар етук зўр еди,
Сенингдек фидойи фақат бир келди.
Умринг қисқа екан шамолдек елди,
Сен мангу яшайсан қалбда Жонибек.

Еслайман енг сўнгги учрашувимиз,
Режалар тузганмиз ох ғуруримиз.
Ғамларга чулғашиб ўтди умримиз,
Сен мангу яшайсан қалбда Жонибек.

Унутиб бўлмайди сени ҳеч қачон,
Дўстларинг қалбида ҳаёцан инон.
Оз фурсат ичида топдинг шарафшон,
Сен мангу яшайсан қалбда Жонибек.
Хотиранг порлокдир сен ўлмагандек.

   09.11.2023 йил Москва шаҳри
    (Синфдош дўстлар учун)

Синфдошлар.

Узоқ ўтмишдаги синфдошларни,
Аллоҳим дийдорга мушарраф қилди.
Қадрли-қимматли бу синфдошларни,
Хайрият минг шукур юракка илди.

Телефон жиринглар нотаниш рақам,
Аста аъло деган майин бир овоз.
Ўша ёшликдаги чарос кўз санам,
Мени самоларга қилдирди парвоз.

Кўришга ошиқдим ул гўзал ёрни,
Бўлибди асрлар чоракдан зиёд.
Ёзларда чўмилиб-қишларда қорни,
Кўриб соғинчлардан қилибсиз фарёд.

Дўстларим қўлларин-қўлларга берди,
Дилбар-у, Ярашбек, Алишер илдам.

Умрбек, Муҳаммад, Илҳомбек келди,
Ташриф буюрарди Тўравой, Баҳром.

Бундай иноқликка кўзлар тегмасин,
Жумагул, Муяссар келинг даврага.
Ахиллик ипини шайтон кесмасин,
Уқтиринг сўзимни ҳамма-ҳаммага.

Жамила, Сайёра, Интизорларни,
Топинг манзилини борайлик чиндан.
Юракларга ботган қалб озорлари,
Шеър ёзиб оламан қасдимни тундан.

Дейман ҳаётимда ушбу қадаҳни,
Кўтаринг дўстларим бирдамлик учун.
Ўйлайман мукаммал етказдим шарҳни,

Ҳеч таслим бўлмаслик бардамлик учун.

Унутиб бўлмайди бу оқшом ахтни,
Осмон порламокда яшнайди шаҳар.
Шукрига етайлик бундайин бахтни,
Ўз ҳаётингизни севсангиз агар.

      10.11.2023 йил, Москва шаҳри

Тўртликлар.

Юртининг корига яраган инсон,
Касбига содиқдир дўстим Умрбек.
Табригин йўллайди Москвадан Даврон,
Бахтли саодатли бўлгин Умрбек.

Жалолиддин Румий тўртлик.
Ешитдим ….
Ғийбатимни қилибсиз …
Ўзимга айтолмабси.
Мендек бир ожиздан қўрқибсиз.
Аллоҳдан қўрқмапсиз.
***
Минг шукур қидириб топдим онамни,
Илоҳо кунингиз хайрли ўцин.
Қувончим ёритди бутун оламни,
Азизам ўрнингиз нурларга тўлсин.
***
Дунёда аёллар жуда кўп дилбар,
Яшнайсиз қалбига кирсангиз агар.
Улар жуда ҳамки меҳрибон кўркам,
Сизга қадрдоним бу шеър Муяссар.

Синфдошим.
Худойим ўзи суйган,
Дўстлар учун туғилган.
Юзидан нур ёғилган,
Мани нур синфдошим.

Ўзбекистон диёри,
Ҳурлик уни шиори.
Ҳақиқатдан зиёли,
Мани ҳур синфдошим.

Алишмайман тиллога,
Қулоқ тутинг нолага.
Тушинг дўстлар яллога,
Мани дур синфдошим.

Тўмарисдек шашти бор,
Номардларга қасди бор,
Ибратли хулқ насли бор,
Мани зўр синфдошим.

Боғида булбул сайрар,
Охтиқлар қучоқ очар,

Йўлига гулар сочар,
Мани гул синфдошим.

Қалби-ю дили тоза,
Меҳмон кутар пазанда,
Чарчамасман шеър ёза,
Мани дил синфдошим.
У Дилбар синфдошим.
   12.11.2023 йил Москва шаҳри соат
                                02:30

Хивам бор.

Юрагимга яқиним,
Чин қалбимдан севганим,
Ростдир меҳр берганим,
Эски шаҳар Хивам бор.

Ёр юзида ягона,
Бўлган бизга парвона,
Барчамизгадир она,
Нурли шаҳар Хивам бор.

Мўжизаси ҳайратли,
Миноралар савлатли,
Ёр юзига иззатли,
Дурли шаҳар Хивам бор.

Сайёҳлар келса чирой,
Очиб ёришади ой,
Бағри жуда кенг сарой,
Меҳмон навоз Хивам бор.

Ичану-дишан қалъа,
Ей дўстим зимдан қара,

Қадрин билишча яра,
Кўкка парвоз Хивам бор.

Бу менинг ифтихорим,
Ёздим дилимда борим,
Сайрар қўлимда торим,
Ертак шаҳар Хивам бор.
Қалбдан севар Хивам бор.
Қалбдан чиққан нарам бор.
 12.11.2023 йил, Москва шаҳар 03:20

Болалик чоғим.

Болалик чоғимни еслаб хун бўлдим,
Ўша қиз кўзимнинг олдида ҳамон.
Зулмат ичида бир қора тун бўлдим,
Ўтиб кетди у биздан шундай бир замон.

Мовий кўзлари ҳеч есимдан чиқмас,
Бўйига таърифни бериш бефойда.
Қўй деган сўзларим юрагим уқмас,
Билмадим ўша қиз туғилган ойда.

Майда момиқ сочи юзимга теккан,
Оҳ деб хушларимдан кетиб қолганман.
Боғзимда хушбўй бир ҳидлари қолган,
Уч кун ўзимга ҳеч келмай ётганман.

Ҳеч ким бу дардимга даъво тополмас,
Холимни сўрабон ўша қиз келди.

Табиб дер бу дарддан ҳеч инсон ўлмас,
Чунки қиз бир нафас меҳрини берди.

Оҳ унинг кўзлари қошлари мени,
Жонимга янада жон қўшиб борар.
Кипригидан томган ёшлари мени,
Бағримни бунчалар ивитиб борар.

Менку еплолмадим Дилбар севгимни,
Фарзандлар қадрига етишгай дейман.
Бугун ёздим унга очиб кўнглимни,
Хаёлда бўлса ҳам унга мен ёрман.
У хаста бўлмагай ёнида борман.

13.11.2023 йил

Ўтаман йиғлаб.

Ёшликни еслайман оҳ кўзда ёшим,
Ўн иккида севги изҳор қилмадим.
Юрак хузур қилар телбадир бошим,
Сени severaман деб нечун айтмадим.

Нега сўз тилимга чиқмасдан қўрқдим,
Дедилар отаси сенга бермайди.
Менга рақиб йигит қўлимдан тутдим,
Кўзимда ёшларим ҳеч тўхтамайди.

Орзусида ўтдим бўйнидан қучиш,
Нега битта бўлса сўраб олмадим.
Арманим қўлидан сузиб чой ичиш,
Эски мактабимда нечун қолмадим.

Турмушим бузилиб ғовға бўлмасди,
Вақтида қалбимни унга очганда.
Порлоқ юлдузим-у бахтим ўлмасди,
У билан ўсмирлик даврин сурганда.

Азизам бунчалик қариб қолмасим,
Сенинг яноқларинг юзимда турса.
Севмаган инсонга сира боқмасдим,
Ҳозирги бу ақлим ўшанда бўлса.

Ичим тўлғоняпти не ҳол билмайман,
Қирқ йилдан кейинг учрашув сабаб.
Есласам кўз ёшдан сира тинмайман,
Ўша маъюс кўзли суръатга қараб.
Юрагим оғринар-ўтаман йиғлаб.

13.11.2023 йил

Покиза-ишқим ётади.
Ёстиғим кучаман маҳкам юбормай,
У сенга айланиб қолмайди жоним.
Ўн икки ёшингда хабаринг олмай,
Мени ишқ уволи урсайди жоним.

Уйғонсам кўзимга ёшлар қотибди,
Юрагим ўзимдан аразлаб қўяр.
Хотиралар ўчмас қалбда ётибди,
Мени ҳам бир куни ер ўзи ютар.

Агар ўлсам ўстир бош тарафимда,
Кўзларим ёнингга суйиб келади.
Олиб юрар едим сени кафтимда,
Қаттиқ севишимни қизим билади.

Юбормай кучоқла уларни бир зум,
Қизим елкасида қўлим туради.
Сезмайсан юзингдан ўпаман ўзим,
Бу менинг жонгинам руҳим бўлади.

Чин дунё менга ҳам мунтазир жоним,

Энди адашишга ҳаққим йўқ сира.
Сенга бағишлайман бор вужуд таним,
Ўляпман аста кел кўзларим хира.
Қабримни олдида оҳлаб йиғлама,
Оҳларининг руҳимни езиб қўяди.
Кечиккан севгим деб бағринг тиғлама,
Илтимос бир жилмай ўша етади.
Қалбингда покиза ишқим ётади.

                      13.11.2023 йил

www.ingramcontent.com/pod-product-compliance
Lightning Source LLC
LaVergne TN
LVHW010219070526
838199LV00062B/4654